仕事偏差値を68に上げよう

どんな成功本を読んでも
成果を上げられなかった
人のための30の心得

クリエイティブディレクター
松尾 卓哉

廣済堂出版

はじめに

この本を手に取ってくださったあなたは、「仕事で成果を上げたい」、「仕事で認められたい」と真剣に考えていらっしゃると思います。そして、すでに世の中に多くある成功本（成功へのマニュアルが書かれたものなど）を読まれたことがあると思います。

この本は、そういう本を読んでも、まだ状況を変えられていない人のために書きました。もちろん、これまで成功本を読んだことがないという人にも役に立つと思います。

なぜなら、毎日の仕事、生活の中で、カンタンに使える内容だからです。私自身が、外国人を含む、先輩、上司、同僚、後輩、仕事先の方から教えてもらったり、学んだり（盗んだり）して、自分の生活と仕事に取り入れた事柄です。

その結果、仕事の質を上げることができ、成果が上がって、人生が変わってきました。学生の頃には想像もできなかったことが、仕事を始めてからたくさんできました。

ちょっとしたことを変えるだけで、物事は好転することがあります。

これから、仕事をする上での30の心得を話します。広告の仕事になぞって書いていますが、それらは多くの仕事に当てはまる普遍的なものです。

私の主な仕事は、広告の企画・制作です。

これまでに、日本生命、トヨタ自動車、キリン、NTTグループ、ピザーラ、大塚製薬、日立、日清食品、明治、サントリー、日本郵便、ホンダ、リコー、アウディ、味の素、野村證券、コカコーラ、コーセーコスメポートをはじめ、さまざまな企業の広告宣伝活動のお手伝いをさせていただきました（書面の都合ですべてを挙げられません。関係者の皆さま、ご容赦《ようしゃ》ください）。

電通という優秀な人材に恵まれた環境で〝仕事のいろは〟を覚えて、ヘッドハンティングされて世界最大手グループの外資系広告会社に転職できました。そして、海外で働き、世界を代表する企業で世界のトップの方を相手に仕事ができました。

さまざまな企業の広告の企画制作を通じて、いろんな分野の突出した才能に出会い、一緒に仕事をできました。そして、そういう人々を間近で見て、感じたことを、次の仕事に活《い》かすことができました。

最初から読んでいただいても構いませんが、内容は非連続なので、その日の日付に合わせて、例えば、「今日は17日だから、17から」というように読んでも構いません（31日の場合は……、1を読んでください。と言いたいところですが、21を読んでください。翌日が1日で、また1になりますから）。

通勤途中に、無意識で開いたページから読むというのもアリです。セレンディピティを使って、その日に役立つ内容と出会えるかもしれません。

むしろ、一気に読んで多くを忘れるよりも、1日に1つくらいのペースで読んで、仕事の中で使ってみる方が効果は高まると思います。

1日に1つだと、全部を読むまでに1ヶ月間かかります。でも、1ヶ月後には、あなたの仕事の質は確実に上がっていることでしょう。成果も出始めていると思います。

そして、人間は〝忘れる動物〟です。一度読み終わっても、時々、取り出して眺めると、忘れていたことに改めて気づけるはずです。

この本には、仕事をする上での〝大事な基本〟があります。そして、基本ができてはじめて、さまざまな現場での応用も生まれます。

この30の心得が、私にとってそうなったように、あなたにも、素晴らしい転機になることを祈っています。

アウトプット偏差値を上げる心得

プレゼン偏差値を上げる心得

リーダー偏差値を上げる心得

ルーティーン偏差値を上げる心得

仕事偏差値を68に上げよう
30の心得インデックス

このインデックスを参考にすれば、
成果を上げたい項目だけを読むことができます。

コミュニケーション偏差値を上げる心得

ミーティング偏差値を上げる心得

企画偏差値を上げる心得

心得1

バカな質問をできない人は、
インテリぶっているか、
本当のバカである。

質問のチカラは偉大です。

しかし、質問をする行為は、多くの人に見くびられています。意外な質問が、なかなか辿《たど》り着けなかった答えに一気に導いてくれることがあります。質問をするのは恥ずかしいことではありません。

むしろ、**仕事を発注している相手は、あなたからの質問を待っています。**

「質問しても、よろしいでしょうか？」

取引先と対面している場でよく見かける光景です。まるで、質問することが無礼なことのようなスタンスです。しかし、その時の相手のことを想い出してください。「どうぞ！どうぞ！」と言いませんでしたか？　しかも、そう言っている顔は、ちょっとうれしそうではありませんでしたか？

「この人は興味を持っている」と相手が感じているからです。


とあるエステ企業の広告オリエン（仕事の発注説明会）でのこと。

当時の女性誌や化粧品の広告でもよく目にする言葉に疑問を感じていたので、質問しました。

「『30～40代の女性は、自分自身のためにキレイになりたい』

とありますが、本当でしょうか？

そこには、エロティックな意識はないのですか？

周りの男性の視線は意識してないのですか？」

相手の女性は、こう答えました。

「絶対に意識していますよ。やはり、いつまでもオンナとして見られたいですから。

特に夫からはそうでしょうね。

〝自分自身のために……〟というのは、気持ちよく買ってもらうための方便ですよ」

「じゃあ、男性の視線を意識するような広告もアリですか?」
「女性が見て嫌な内容でなければ、アリでしょうね」

その後の数年間、〝夫が妻に嫉妬する〟〝周りの男性たちの態度が変わる〟というテーマで作られたこの企業の数々のCMは、オンエアされた地域では知らない人がいないくらい有名になり、このエステ企業のお客さんも増え、就職面接にも多くの学生が応募をしてくれるようになりました。

質問は、答えに近づく最も有効な手段です。

わかったフリをすることは危険です。たった1つのわからないことのために、いつまでも核心を突けないことがあります。

気になったことは、何でも質問しましょう。**邪心も見栄もなく、子どもみたいな質問が**

できる人だけに、大きなヒントは与えられます。

質問は、仕事をする上での最大の武器なのです。

心得2

くだらないことを
意識して喋ろう。
笑いのある雑談こそが、
刺激の母である。

笑いの効能には、すごいものがあります。

ストレスを軽減してリラックスさせる。自律神経のバランスを整える。血流をよくして、免疫力を高める。脳内エンドルフィンを出して、幸福感を高める。コミュニケーションしている相手と感情を共有できる。などなど、他にもたくさんあるようです。

この〝笑いのチカラ〟を打ち合わせの時に利用しないのは、もったいないと思いませんか？

同じテーマで自分の考えを持ち寄った人々が打ち合わせをしている時に、一見するとテーマに関係のない〝くだらない世間話〟が、その場にいる人の脳を刺激して、突然、優れたアイデアが出てくることがあります。これこそが打ち合わせの妙です。


煮詰まった打ち合わせの時こそ、意識して、無関係なことを話す。笑えることを話す。

「芸人ではないから面白い話をするのは無理」と言う人もいますが、くだらないこと、自分が面白かったことは日常生活の中にたくさん見つけられます。テレビ、雑誌、映画、舞台、マンガ、ネットで見たことなど、何でもよいのです。

自分が興味深かったこと、面白かったことが、それをはじめて聴いた人の脳を刺激します。その時、その人の脳内で、つながっていなかった別々の思考回路がつながるのです。

なぜなら、面白い話の中には、〝人間の業《ごう》とか習性〟が潜んでいるからです。仕事の多くは、人間を相手にしています。だから、人間のことを深く知ることは、仕事の質を上げることに役に立つのです。

日本でも海外でも仕事をした経験からすると、まず、企画の中身うんぬんよりも、面白い話をする人に価値が置かれる傾向にあります。そして、最終的には、そういう連中の方が面白い企画を練り出すことが多いのも事実です。きっと、人間のことをよく見て、深く知っているからでしょう。

話は逸れますが、会社組織では上司が部下を査定する時には客観的な判断基準よりも、「アイツは仕事ができそうだ」という印象の方が影響します。

あなたよりも仕事ができないと思っていた人が、あなたよりも高い査定だった経験はありませんか？　または、その逆は？

実績よりも〝印象で得をし〟、〝印象で損をしている〟部下たちを査定会議で何度も見てきました。

打ち合わせに優れた企画を持ってくることはできなくても、あなたは面白い話題を提供することはできます。その結果、ポジティブな印象を残すことができます。

何よりも組織として見ると、笑える雑談を生み出すのは、その場の人を刺激する立派な仕事なのです。

そして、リーダーになる人は、そのことの価値を知っておく必要があります。

心得3

全員の「よい」は、
世の中に出ると弱い。
少数の「すごくいい！」は、
世の中を動かす力がある。

民主主義の社会では多数決の力学で、一人でも多くの人の賛成が物事を動かすチカラになります。しかし、目を見張る成果を出している仕事の過程を見ていくと、そうではないことも多いようです。

しかし、業界の常識からハミ出したもの、はじめて見るモノ、はじめて知ることを賛同できる上司、決定権者は極めて稀《まれ》です。

一方で、誰もが賛成するアイデアは、〝誰もが賛同したという事実がくれる安心感〟からトントン拍子で進んでいきます。そして、多くの場合、期待された成果を出せません。

仕事において誰もが賛成する提案には、表面上には見えない大きな欠陥が必ず潜んでいます。残念なことに、その欠陥は、後になって判明するのです。

その一例を挙げます。

消費材を製造する企業の多くが新商品を売り出す前に消費者調査をしています。例えば飲料ならば、その商品が売れるかどうかのコンセプトから、ネーミング、パッケージデザイン、味覚設計まで調べます。そして、「これは売れる！」という高いスコアが出た商品だけが販売を許されます。

しかし、「千三つ」という飲料業界の用語があるように、年間千個の新商品のうち、3つしか市場では生き残れないのです。年間、わずか0・3%……。調査では、多くの人が「よい」と言った商品にも関わらず……。

最近、急速に研究が進められている〝脳の反応を見る調査〟が一般的になれば状況は変わってくると思いますが、現在では、調査を受けている状況がすでに普段の購買状況ではないことがまったく考慮されていません。

グループインタビューを受けている対象者は、周りの意見、特に声の大きな人に影響されてしまうし、どうしても自分を賢く見せようとするからです。

もし、会議であなたの提案に全員が「よい」と言った時は、要注意です。

その提案を引っ込めた方がよいとも言えます。全員が理解できる案には、どこにも新しさがありません。世に出た時に、その商品、サービスに興味がない人たちを振り向かせる強さはありません。

それよりも、少数の「すごくいい!」「すごく好き!」の方が秘めたチカラがあります。それは、似たようなモノやサービスが溢《あふ》れる状況の中で、突出できる可能性があるからです。

よく言われることですが、みんなに好かれようとすると、誰からも好かれないのです。

少数の（もしかしたら、一人の）「すごくいい!」「すごく好き!」の声を得ることに集中することが、成功の鍵なのかもしれません。

そのためには、**自分の中の「面白い」という声、自分の中の「変態性」を大事にすることです。**人間の欲求は必ず誰かのそれとつながっているのですから。

心得4

30分電話で話すより、
完璧なメールより、
5分会って話す方が
大事なことが多く伝わる。
会って議するから「会議」。

部長、それメールを
プリントアウトした

世界展開する企業では、いかに各国の現地スタッフとコミュニケーションを円滑に進めるかに知恵を絞り、さまざまな通信機器が発達し、利用されています。

これまでの経験だと、伝わる情報量と正確性で言えば、

メール

＞

同じ資料を見ながらの電話会議

＞

映像と音声がリアルタイムの映像会議

＞

集まって話す会議

の順です。記号の大小で表すと、その差は見えませんが、圧倒的に「会議」が優れています。

ジョージ・クルーニーの主演映画『マイレージ、マイライフ』でもリアルタイム映像の限界について語られています。スカイプなどで会議をしたことがある方は実感されていると思いますが、どんなに気心が知れた仲でやり取りしても、今はまだ、映像技術の限界、伝わる量の限界というものがあります。

私たちは無意識のうちに、相手の表情、語調、スピード、無言の間、オーラなどから、相手の本意を正確に理解しようとしています。多くの場合、言葉だけではない情報が相手を理解するためには重要なのです。

つまり、〝**自分のことを最大限に相手に理解してもらう**〟**ためにも、会って話すことは重要なのです。**

大事な要件をメールで済まそうとする若い人が増えています。

サーバーが不調だとメールは届かないこともあります。重要なメールが迷惑メールフォルダに仕分けされ、見過ごされていることもあります。メールを過信してはいけません。メール文の後に、（笑）（涙）（怒）をつけても、その気持ちの度合いは正確には伝わりません。


シンガポールとイギリスとで電話会議をした時のことです。

インド人、イギリス人、アメリカ人、日本人が互いの英語で会話したのですが、イギリス人の英語がインド人には通じず、日本人の英語がイギリス人には通じず、というように、話者の英語を理解できた者が、通じていない相手に英語で通訳し合うという経験をしたことがあります。

しかし、不思議なもので、その後、会議で会った時には各自の英語で完璧に通じたのです。これは、電話が、理解するのに必要な多くの情報を遮断《しゃだん》している例です。

相手のスケジュールに合わせ、会いに行くことは面倒なことですが、**会って話すことは、メールを1万通やり取りするよりも有益です。**

1回の会議で、互いの理解に必要な情報が確実に得られます。何よりも、会いに来てくれた人のことは可愛く思えるのです。人間には〝返報性（されたことを返そうとすること）〟があるからです。

通信が便利になったからこそ、〝わざわざ会って議する〟価値が高まっています。どんどん会いに行って、面と向かって話して、相手を理解しましょう。

心得5

楽しそうに話すと、聴いてくれる。
楽しそうに聴くと、喋ってくれる。

あなたが人前で話をする時、取引先の話を聴く時に、相手を引き込む方法があります。それは、**「楽しそうに話す」「楽しそうに聴く」**という姿勢です。

これは仕事に限ったことではありません。夫婦の会話で、子どもとの会話で、恋人との間で、ご近所さんと……、意外に忘れがちな姿勢です。

まず、話すことについて。

話が下手な人に限って、話す前から自信なさげで、話し出したら、つまらなそうに話します。

話している言葉（内容）以外の情報（表情、語調、言葉の間など）も聴いている人には同じように届いています。話している内容は面白くても、それ以外の情報が打ち消してしまうと、全体的につまらなく聴こえてしまいます。もったいない人のなんと多いことか！

結婚式のスピーチなどで、話す内容を事前に完璧に原稿に書いていても、なかなか上手く話せなかったという経験はありませんか？　それは、言葉を楽しそうな雰囲気で、楽しそうなリズムに乗せて、楽しそうな表情とセットで話さなかったからです。

アップルの創業者スティーブ・ジョブズはプレゼンの名手として有名でした。

彼のプレゼンをご覧になったことのない方は、ネットの中でいくつか見られますので、ぜひ、ご覧になってください。「心の中にある〝楽しくて溢れ出しそうなアイデア〟を抑えながら、今、私は話している」というような微笑みを浮かべ、じつに楽しそうに話しています。

以前、私の上司で、その後、全世界のトップに立った人は、普段の会話でも楽しそうに話し、こちらの話を楽しそうに聴いてくれました。

私の経験では、世界的な企業で偉くなった人で、楽しくなさそうに話をする人を見たことがありません。社員が多国籍な企業では、言語も多用ですから、言葉以外の伝達情報に重きを置くのも当たり前です。

ここで、〝そもそも、楽しそうに話をすることは難しい〟と思っている自信のない人のために、ひとつアドバイスです。

安心してください。あなたは落語家でも芸人でもないので、聴く人は完璧な話術を求めていません。**まず、話す前に「これから、私は楽しいことを話す。そうだよね？」と自分自身に問うのです。そして、「そう。楽しいことを話すよ」と確認してから話すのです。**

これだけで、ずいぶんと違ってきます。

ここで大事なのは、内容が〝相手にとって楽しいかどうか〟という事実は関係がないということです。自分が楽しいと思い込んでいれば、それでよいのです。

〝相手は楽しんでくれるのだろうか？〟と考え出すと、話す内容の検証から始まり、過去の失敗した記憶がよみがえり、ネガティブスパイラルに入ってしまいます。自分に語りかけることの効果は意外に強いのです。

次に、聴くことについて。

聴くのが下手な人の多くは、相づちも打たず、表情も変わりません。メモばっかり取っています。だから、話している人は、メモのスピードに気を遣って、ゆっくりしゃべり出します。これでは、話している人から多くの情報を引き出すことはできません。

最近増えた、話す人の前にボイスレコーダーを置くという聴き方も疑問です。話す方は証拠を残してしまう感じがするので、口を滑らせることに注意します。すべてを録音できる安心感が、話す内容を相手が躊躇《ちゅうちょ》するデメリットを生んでいることを理解した方がよいと思います。

テレビの長寿番組『徹子の部屋』をあなたも見たことがあると思います。

司会の黒柳徹子さんは、じつに楽しそうにゲストの話を聴いていますよね？　わからないことには、恥ずかしがらずに素直に質問をしています。それがまたゲストを乗せています。メモなんて取っていないですよね？

『さんまのまんま』の明石家さんまさんも、本当に楽しそうに相手の話を聴いています。

小さな子どもは帰宅してくると、外であったこと、学校であったことを楽しそうに話します。それは大して面白い内容ではありません。

でも、不思議なもので、その子が楽しそうに話しているのを見ていると、楽しそうに聴こえてきます。愛情深い親なら、本当に楽しそうに相づちを打ちながら聴いてあげます。だから、子どもは楽しそうに話を続けられます。

「楽しそう」は、仕事をする上で、いろんな場面で大事な姿勢なのです。

心得6

どんな打ち合わせも、
1時間以内で終わる。
それ以上は、準備が足りないか、
リーダーがいないだけ。

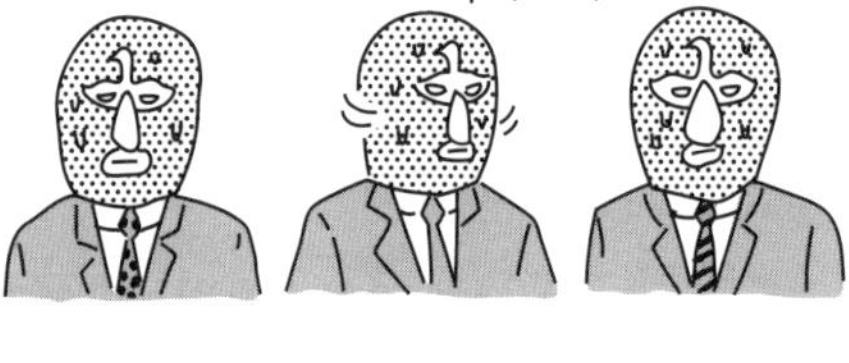

国内外の企業で、これまで無数の打ち合わせをしてきた経験からすると、打ち合わせが長引く原因は大別すると3つです。

A：その打ち合わせで出すべき（求められていたレベルの）企画、案が出なかった
B：出すべき企画や案の方向性が事前に明確ではなかった
C：決断力のあるリーダーが不在だった

Aは、参加者の準備が足りていないから起きます。また、参加者の能力が足りていなければ、毎回、起こり得ます。その場合は参加者を入れ替えない限り、一向に解決しません。

Bは、Aの原因になりますし、Cのせいで起こるとも言えます。

充実した打ち合わせをするには、次の3つが揃うことが必要です。

①事前にリーダーが明確なビジョンを示している
②打ち合わせのゴールイメージと各自の持ち時間を参加者が理解している
③決定権のあるリーダーが出席している

決定権のある偉い役職の人は忙しいことが常なので、ゆっくりとは時間が取れません。以前、私が働いていた外国のオフィスでは、上記の①～③を達成するために、打ち合わせをコーディネートする役の人がいました。そのおかげで、打ち合わせは通常30分以内で、長くても1時間以内で終わりました。

日本の場合、一番軽視されがちなのは③です。①と②があれば前進するだろうということなのでしょう。

特に取引先が絡んだ場合、せっかくスケジュールを取ったのだからと、取引先のリーダーが不在でもプレゼンや打ち合わせをすることがあります。それは、最もしてはいけないこと。最も効率が悪い結果を生む元凶です。③がない場合は、延期すべきです。

また、リーダーが決められない、やりたいことが明確でない人の場合、その打ち合わせは悲惨です。

時間が長くなるだけではなく、成果も少ない。そして、そういう人は、やたらと判断材料となる資料の提出を求めます。あなたの周りにも、いますよね？　誰が見てもそういう結論にしかならない、というまで資料を求める人。

そして、そのプランが実行に移された時には、現場スタッフはヘロヘロに疲れ切っているのです。

〝企画〟と同じくらいのエネルギーと時間を〝実行〟にもかけないとよいものはできません。

もし、**あなたがリーダーの立場なら、まず、「決断する」ことです。そして、スタッフの〝考える、準備する時間〟を多く作ってあげること**です。

もし、プランの実行過程で判断の間違いに気づいたら、勇気を持って修正をする。間違いに気づいたのに修正しないと、エンディングが悲劇になります。

〝頼られるリーダー〟は、間違わない人のことではありません。決断をでき、胸を張って自分の間違いを認められる人のことなのです。

心得 7

プレゼン前日には、
必ず靴を磨く。

新人の頃、先輩からも上司からも教えられました。「自分のことを上手に見せられない者が、担当する企業の商品を生活者に説得力を持って語りかけることなどできない。まずは、自分の着ているものに注意を払え」と。元は、米国の大手広告会社の創業者の言葉だったと思います。

プレゼンの時、提案を受ける方は内容だけでなく、相手の表情、姿勢、服のセンスなども見て、総合的にその提案の信頼度を判断しています。

これまでに企業などへ1000回以上のプレゼンをした経験からすると、相手が社長さんなど、立場が偉い人になるほど、資料をあまり見ずに、話している人の顔を見ていることが多いのが実感です。

では、プレゼンの時、靴は見られているのか?

たぶん、見られていません。

では、なぜ、大事なプレゼン前日に靴を磨くとよいのでしょうか？

それは、細部にも気がまわっている、時間を割《さ》けているという意味において、翌日、相手に見られる最重要部である企画や資料の〝充分な準備はできている〟ということになるからです。

つまり、**靴を磨けるように、時間的にも、精神的にも余裕のある準備をしようという心がけ**でもあります。

また、別の意味合いもあります。

靴を磨く時は、汚れを見つけて、落とす。色が取れている場合には部分的に補色クリームを塗るなど、意識を集中して行わないと、クリームが手に付くなどして、ちっともキレイになりません。

人間は、あまりにも集中して考えていると、自分にしかわからない狭いところへ入りすぎてしまうことがあります。

靴を磨く行為が、いったん意識をプレゼンのことから離れさせ、その結果、翌日のプレゼン全体の構成と与える印象を俯瞰《ふかん》で見ることができ、汚れや補色（強調）すべき所に気がつく時があります。

つまり、**自分のしていることを客観的に見る自分を持とう**ということです。

広告の仕事での競合プレゼン（コンペ）では、ほとんどの場合、同じ場所で広告会社ごとに時間帯を分けて提案します。9時からA社、10時からB社、というように。

そのため、自分たちの前後の他社チームと会場ですれ違うことがあります。その時、他社の誰かの靴が汚れているのを見つけたら、その時点でそのチームには勝ったと確信できます。実際、そういう相手には負けた記憶がありません。

もちろん、**自分以外にも、出席者全員の靴が磨き上げられていることが、勝利の前提条件です。**

自分だけでも難しいのに、全員となると難易度が一気に上がります。でも、何よりも、キレイに磨かれた靴を履くと気持ちがシャンとして、よいことしかありません。どうです？　磨くしかないでしょう？

心得8

「わかる、わからない」議論は不毛。
「感じるか」を常に問う。

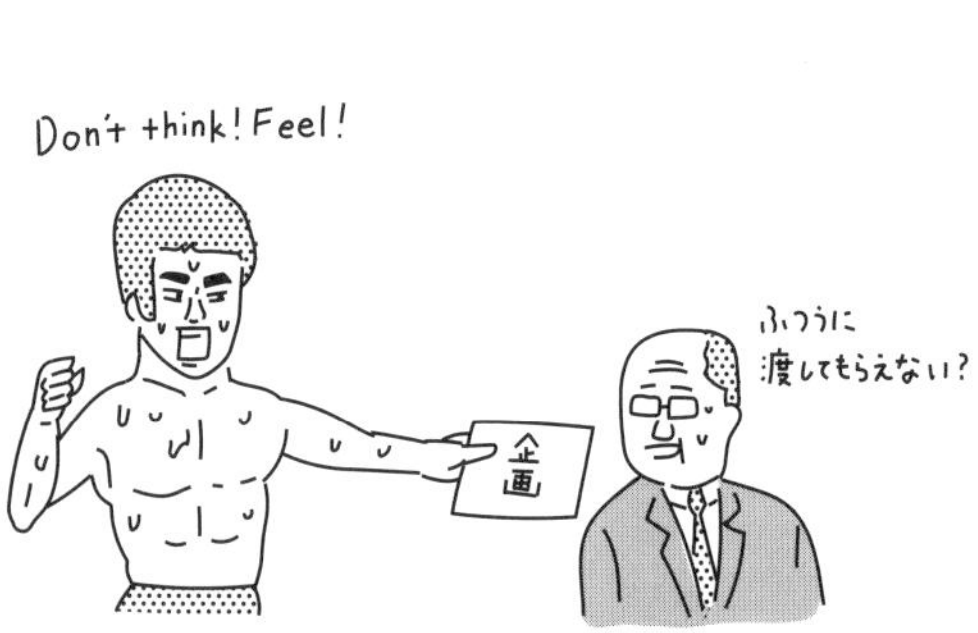

マーケティングが企業の生産活動に取り入れられ、重宝され、市場調査が増えました。その結果、市場には〝似たモノ〟が溢れ、生活者は〝違いを選ぶ〟、〝モノを買う〟愉《たの》しみを失くすことになりました。

マーケティングの概念が悪いのではありません。調査結果をどう判断し、どう使うかの部分に問題があるように思います。

まだ世の中に出ていないモノ、特に、それが表現に関わることならば、「わかる、わからない」、「伝わる、伝わらない」ということには、受け手の知識量の差、経験値の差、感受性の差、想像力の差がおおいに関係します。

世の中に出すか出さないかを判断する立場にある人は、そのことを肝《きも》に命じた方がよいと思います。自分がわからないから、世の中の人もわからないとは限りません。その逆もあります。

理由はわからないけど、的確な言葉にはできないけれど、〝凄いと感じられるもの〟は、世の中にたくさんあります。あなたの人生の中にもたくさんあったはずです。さっき、私は夕焼けの中の富士山を見ましたが、凄いな……と言葉を失いました。富士山はしょっちゅう見ているのに。

以前、フィジーに行った時、市街地から離れた現地の人が生活する村に招待されました。外国人が来たのはその村の歴史では2人目という光栄な体験でした。

床の上に車座になって村人たちと談笑している時に、ヨレヨレのTシャツを着たオジさんが入ってきて、私の横の席に座り、いろいろと話しかけてきました。

「料理はどうだ?」「この村の人達はどうだ?」「この歓迎会を愉しんでいるか?」など、会話の内容は大したことではありませんでしたが、気づいたら、私はボロボロと涙をこぼしていました。その時、私は弱っていたのではありません。むしろ、元気いっぱいでした。
村を去る時に知ったのですが、オジさんはその村の村長でした（〝むらおさ〟と読んでください。〝そんちょう〟だと伝えたいイメージと違ってしまいます）。

フィジーの市街地には文明が発達し、仕事で街へ通う村の若者も増える中、山奥で60〜70名のほぼ自給自足の村を平穏に束ねるために必要なチカラ。それが、村長の言葉にはあったのだと思います。それを上手く表現できませんが、言葉の奥に慈愛のようなものを感じて、私の魂《たましい》が震えたのです。

この時から素直に〝感じる〟こと、相手に〝感じさせる〟ことを大切にする意識を持つことができました。

映画の中でブルース・リーが弟子に言った有名な台詞です。〝Don't think. Feel（考えるな。感じるんだ〞。

これには、さらに禅問答がベースになっていると言われる台詞が続きます。「指先ばかりを見ていると、指が差している月の輝きを見ることができなくなる。〝そっちを見ることの方が大事〞」ということを弟子に言っているのです。

どんな仕事でも、相手が〝感じるもの〞を作り出すことを大切にしましょう。

例えば、感じる企画書。感じる名刺交換。感じる挨拶。感じる送別会。

わかるわからないのレベルで検証していても、似たモノができるだけです。

その先にある〝感じるもの〞には、人の心を動かすチカラがあるのですから。それを意識するだけでも、仕事の質は劇的に上がっていきます。

心得9

座る場所以外は、対峙しない。

ほとんどの会議室には、長方形のテーブルが置かれ、座ると相手側と対峙する構造になっています。

デートなどの心理学でも言われていますが、人間は真向かいに座ると意識が対立しやすくなります。横に座ると、同じ方を向くので共通意識を持ちやすくなります。だから、デートの仕上げは、バーのカウンターで横に座って口説くのだと。

余談ですが、私の知人に凄腕のナンパ師がいます。本人曰《いわ》く、「これまでに狙った女性を口説き落とせなかったことは一度もない」そうです。

その彼曰く、デートでは横に座るだけではなく、相手が自分の方を見る時間を少しでも長く作り出すと、さらによいそうです。身体は前を向いているのに顔が横を向いていることで、すでに身体と意識が違う状態になっており、理性が外れやすいのだと。

これは説得力のある経験学です。

さて、重要な会議や打ち合わせの場合、あなたは相手のキーマンの隣に座ることはできません。

しかし、真正面に座らないことはできます。

左右にひと席分だけズラして座ると斜めの関係を作り出せます。これだけでも相手の“気”のようなものを真正面から受けないし、こちらの情熱が重たくなることもないので、効果はあります。

これは、会議の進行が上手だと感心した先輩や上司から得たテクニックのひとつで、私も意識して使っています。

何よりもまず、**仕事のプロセスでは相手と対峙しないという意識が大切**です。

相手がどんなに偏屈な人でも、どんなに高圧的な人でも、〝この人とは同じ船に乗って、同じ目的地を目指しているのだ〟と考えるようにしましょう。

その考えを持つだけで、〝この人はわからず屋だ〟〝この会議を一刻も早く終わらせたい〟というようなネガティブな意識は消えます。どんなに嫌な相手でも、目的地に行く以外には離れられないのですから。そう、一種の諦観《ていかん》です。

そうすると、腹が据《す》わり、あなたの醸《かも》し出す雰囲気が変わってきます。それは、相手にも、仲間にも安心感として伝わります。

ここで気をつけて欲しいのは、対峙しないということは、何でも〝イエス〟と言うことではありません。

船には、エンジンをまわす人、舵を取る人、電気系統を見る人、船員に食事を作る人、いろんな立場の人が必要です。仕事という船に乗ったら、あなたは、今の自分のポジションに捕われる必要はありません。いろんな立場の人の目を持つことができます。

だから、もし、相手の意見と対立しそうなら、相手をロジックで説き伏せようとしてはいけません。必要な立場の目を使って、わかりやすい言葉で話せば、あなたの発言にはとんでもなく説得力が増します。

社内外に関係なく、仕事をする相手とは、〝同じ船の乗組員で、目的地は同じ〟ということをいつも確認しましょう。そうすれば、相手もあなたの横に座って、同じ方を向く以外にはないのです。

心得10

捨てる勇気を持つ。

提案する側としては、たくさんの選択肢を出しておきたくなります。どれかが相手の要求の網に引っ掛かるかもしれないという安心感から。しかし、仕事の提案は、懸賞応募ではないのです。

数で当たる確率は高まらず、常に中身と質が問われます。あなたの安心感は、相手が〝本当に求めている満足度〟と関係しているのか。複数案を出すことが当たり前になっている人は、まず、それを見直しましょう。

そして、企画提案をしていると忘れがちなのは、「最終的に選ばれて、カタチになるのは、1つだけ」ということ。

だから、**中身と質に自信があれば1つの提案でよいのです。**

「いやいや。選ぶ方だって、選択の幅が欲しいと思っている」という声をよく耳にします。

実際の現場では、複数案を出すことの方が多いかもしれません。

しかし、厳しい言い方をすれば、それは〝相手の要望を100%理解していない〟、〝相手の（漠然とした）やりたいことに、事前に輪郭づけをできていない〟証拠でもあります。

つまり、事前のヒアリングが圧倒的に足りていないことが、主な原因なのです。


あなたが高級寿司屋に入り、「トロの握り」を注文したとしましょう。

その店の親方がマグロらしき切り身を4～5つ出して、「どれを握りましょうか？」と言うでしょうか？　言いませんよね。お客さんは、美味しいトロの握りを食べることを明確に期待し、プロセスは親方に任せているのですから。だから、高い対価を払うわけです。


どうやら世の中は、高い対価の仕事の方が、提示する選択肢が少ない。つまり、高い対価を払う方が、相手に任せる度合いが大きいということになっているようです。

外国で仕事をしている時に、ある世界企業のトップにアジア各国を代表してプレゼンする機会がありました。通常の日本での仕事の進め方だと、「絞って2～3案を出そう」となりがちですが、アジア地区の責任者だった私の上司は複数の候補案から1案だけを選びました。その案はもちろんよかったのですが、他の案もよくできていました。

「なかなか会えない相手なので、せめて2案くらいは出した方がよくないでしょうか？」と進言したら、「ベストは1つしかない」と彼は即答しました。「我々の仕事は、我々のベストで相手を満足させることだ。相手に選ばせるようなレベルで仕事をしてはいけない」と。その上司は数年後に、世界のトップになりました。

CM制作には、編集作業があります。

編集は、撮ってきた〝映像をつなぐ〟ことだと思われがちです。しかし、その主たる目的は、前後の文脈から判断して、〝捨てる映像を選ぶ〟ことなのです。編集室に届いた映像素材のすべてが、カメラマンをはじめとする多くの制作スタッフが時間とお金と情熱をかけ、必死で撮影したものです。だから、捨てるというのは非常に苦しい行為なのです。

でも、すべてのOKテイクの映像素材をつないでしまうと、15秒や30秒CMなんて、永遠にできあがりません。凝縮した1つを作るために、プロは捨てるのです。

あなたのエネルギーには限りがあります。時間には限りがあります。**何かを捨てないと、強烈な1つは作れないのです。**もし、捨てられないと言うのなら、事前に仕入れておくべき情報が足りていないのかもしれません。

心得11

書面には書けないことを
言ってもらう。
本当の問題は、
そこで見つかることが多い。

あなたは、腰を抜かすようなオリエン（仕事の発注説明会）を受けたことがありますか？　オリエンシート（発注内容の概要書）は、当たり障りのないことが書いてあることがほとんどで、驚くようなことが書かれていることは滅多にありません（正確に言えば、私にはこれまでに一度もありません）。

大きな会社の場合、担当者が書いたシートをいろいろな立場の人が目を通し、承認をもらい、最終的な文言に落ち着きます。だから、角が取れた表現になっている分、いろいろな立場の人の本音がそこには隠されています。

だから、解決すべき〝本当の問題が隠れている〟ことが多いのです。本当の問題を解かない限り、提案はお買い上げにはなりません。何をやっても徒労に終わります。

では、どうすればその問題を見つけられるのでしょうか？

それは、担当者と仲良くなって、こっそり教えてもらうのが基本です。では、まだ仲良くなっていない場合には、どうすればよいのでしょうか？

それは、**いろいろな角度から質問をして、失礼な質問もして、相手が答えにくそうにしている部分を探り出すのです**（もっと早くて正確なのは、直接、決定権のある偉い人にその真偽を尋ねるという方法です。しかし、現場の人達からは、「自分たちを飛ばした」と嫌われることになるので、その後の作業が面倒になります。バレないようにしましょう）。

ある企業のオリエンでのこと。

担当者にいろいろと質問をしていると、

「じつは、シートにこう書いているのは、部長の強い意向なんです。その上の役員は違うことを考えているんです」

と教えてくれました。

「では、この内容は部長までの承認なんですね？」

「はい」

「今回、最終決裁者は部長ではないのですか？」

「違います。役員です」

「じゃあ、このまま企画をしても、最終的には通らない可能性もあるんですね？」

「そういうことになります」

「では、その役員の方は何を求めているのですか？」

というようなやり取りがあり、〝オリエン通りの案〟と〝役員に向けた本命の案〟とを提案することができました。

また、別の企業の新商品オリエンでは、

「これは、X社の商品と似ているように思いますが……」

と無礼な感想を述べて相手を無言で見つめていると、その担当者が、

「このシートにはいろいろと書いていますが、この商品はそんなに売れるとは思っていま

せん。X社のものに当てにいっているんです」

と本音を漏《も》らしてくれました。

「この商品の役目は、X社のお客さんを少しでも奪ってくれればいいと?」

「そうです。だから広告は、商品内容を伝える真面目なものではなく、ともかく目立ってくれればいいと考えています」

とシートの内容からは読み解けないことを教えてくれました。

表に書かれている問題の奥に、〝本当の問題〟は、隠れていることが多いのです。そのことを意識するだけでも、オリエンの見方、質問する内容が変わってきます。

そして、あなたを見る周りの目も変わってくると思います。

心得12

オリエンは1回しかない
と思っているのは、
権利の放棄である。
何度でも、プレゼン前日でも
訊くべきである。

オリエン（仕事の発注説明会）を受けた後は、日を置いて改めて相手に質問をしに行った方がよいのです。オリエンからプレゼン日までは、ずっとオリエン中だと考えてもよいくらいです。

もし、プレゼンまでに時間がある時は、追加情報を訊きに行かないのは危険なことだとも言えます。

人間が運営している限り、企業は生き物と同じです。提案日までに、外的・内的な要因で社内状況が変わることがあります。内々の人事があって、決定権者が変わる。業績予測の急変動によって、訴求したいポイントや予算規模が変わってくることも考えられます。

ある企業の新商品のオリエンでのこと。

「CMの中で描く、商品の使用シーンの時間設定は昼夜を問いません。いつでも構いません」

と言われていたのですが、プレゼン日直前の質問で、「営業サイドから〝午前中にして欲しい〟という強い要請が出ている」ことを知りました。すぐに設定とストーリーを午前に合う内容に変え、プレゼンで相手に喜んでもらえました。

一方、**提案するものを考える人にとっても追加質問は必要です。**考える過程でオリエンの時の自分とは〝違う自分〟になっていくことがあるからです。

例えば、自分が詳しくない分野だと、知識が増えていくことで、これまでの自分の中にはなかった違う見方を得られます。そして、新たに知りたいことが見つかり、それを知ることで思考に弾みがつく（発想がジャンプできる）こともあります。

また、熟考している人は、自分の中に深く潜り、無意識の中を探索しています。そして、再び自分の意識の表に出てくる。それを繰り返しています。

考えがまとまってきた頃に〝新たにハッキリ見えたこと〟のおかげで、さらに考えが整理され、太い筋が通ることがあります。考えが進んだ頃の追加質問は、新たに見えるものを生み出す機会にもなります。

さて、多くの仕事では、〝絶対なる答え〟というものはなかなか見つからないのではないでしょうか？　私のしている広告表現の仕事もそうです。CMならばオンエアされるまで、ポスターならば掲載されるまで、それが正解なのかは誰にもわかりません。

だから、**その時に出せる〝最良の答え〟を見つけるために、新たな疑問を何度も見つけては相手に訊き、それを自分の中に入れて、自分の中で化学反応をさせるのです。**

同じようなことを何度も訊きに行くことは、相手に失礼なことのように思え、遠慮しがちです。しかし、それは〝ものを考えて提案する人〟が積極的に行使すべき権利なのです。

心得13

案が通ってからが、本当の仕事。
安心は、致命傷になる。

ほとんどの仕事では、よい企画（設計図）がなければ、よい制作（商品）はできないはずです。だから、企画に時間とエネルギーをかけます。

そして、**起こりがちなのが、そちらに重きを置きすぎた結果、制作過程の時間が充分ではなくなること**です。

完成はしたけれど、もっと時間があれば、もっとよくなったのに……。という経験は、モノを作る仕事をしている人ならば、誰でもあるでしょう。

企画に比重がかかりすぎてしまうと、企画段階での疲れが残ったままで、制作中にエネルギーと集中力を欠いてしまうことも起きます。また、やっと企画が通ったという安堵《あんど》感に制作時間が少ないことも加わって、企画を信用しすぎてしまいます。

その結果、制作過程で企画に潜んだ矛盾やほころびに気づけないということも起きます。

制作中は、常に企画の根本へ立ち返ること、と同時に、企画への疑いの目を持ち続けることが大事です。

企画と制作のバランスを取るためには、全体のスケジュールを引くところから意識しましょう。それでも、企画期間が押した場合、制作期間を減らさずに、制作物が世の中に出るタイミングをズラすしかありません。

日本での仕事で経験したことは滅多にありませんが、外国で仕事をしていた時には、〝企画決定に時間を要したので制作時間が足りなくなった〟という理由で、納期が延びるということが何度もありました。

社会としての〝制作時間の重要さ〟に対する認識の違いを物語っている例だと思います。

では、納期を延ばすことができなかったら……。

日本の仕事現場では、このケースが最も多いと思います。その時は、これからできる最高の制作環境を作る方法を探りましょう。

まず、**納期までの制作時間を増やす方法があるかを考える。自分も含む制作関係者のエネルギーを増やすことを考える。集中力を途切れさせないようにすることを考える。**

残り時間が少なくても、エネルギーを増やすために、いったん、休みを入れることがよい結果につながることもあります。また、集中力を高めるために、その制作過程に無関係の人に、途中状況を見てもらい、気になることを指摘してもらうことで、企画への批判の目を持ち続けることもできます。

どんな状況でも一番危険なのが、企画通りに制作することが最善だと信じてしまうことです。

企画書は世の中には出ません。〝制作物（完成物）が世の中に出て、判断される〟のです。

あなたが企画から制作まで全体に関わっているならば、制作時間と制作環境への意識を変えてみましょう。

心得14

目の前の人を、
クライアントにするか。
スポンサーにするか。
または、仲間にするか。

新しい言葉が定着することで、そのことへの意識が変わってしまうことがあります。以前、持っていた意識よりも、変わった意識が主流になり、市民権を持つようになります。

例えば、定職に就かない人は〝フリーター〟と呼ばれるようになりました。自宅にひきこもっている人は〝ニート〟という違う意味の言葉で括《くく》られるようになりました。

広告業界で言えば、〝お得意〟や〝スポンサー〟と呼んでいた企業を、この15年くらいで〝クライアント〟と呼ぶようになりました。

広辞苑によると、

【スポンサー】

①資金を出してくれる人。後援者。

②放送番組の提供者。広告主。

【クライアント】

①弁護士・建築家・カウンセラーなど専門職への依頼人や相談者。

②顧客。得意先。取引先。

スポンサーには、「お金を出す人」。でも、あまり口を出さない人」のニュアンスがあり、15年前までは、まだそういう関係性も残っていました。

しかし、クライアントになってからは、「必ず言うことをきかないといけない人」になり、実際、そういう関係になっています。

テレビ業界やイベント業界では、まだ〝スポンサー〟と呼んでいて、企業があまり口出しをしない関係が続いています。

広告業界では、発注先の企業との仕事の進め方、関係性が変わったから相手を呼ぶ言葉も変わったとも言えますが、外資系広告会社の仕事の進め方を取り入れるうちに、新しいもの好きが影響して、〝クライアント〟という言葉を取り入れたような気がします。

大事なことは、**日頃使う言葉によって、意識も行動も変わってくる**ということです。

役割を与えられると、人間はそういうふうに行動していくことは、スタンフォード大学の〝囚人役と看守役の実験〟でも示唆されています。もし、あなたが仕事の相手を〝お殿様〟と呼び続けていれば、きっと、その人はお殿様のように振る舞いだし、いずれあなたは土下座をするような関係になるでしょう。

もし、〝仲間〟と呼び続けていれば?

きっと、**仲間のように腹を割って話ができるようになり、お互いに仕事がしやすくなるでしょう。**あなたが仕事を受注する側で、相手を仲間とは呼べなくても、そういう意識でいれば、少なくとも相手に対して卑屈になることはありません。

仲間なのだから、相手のことをいたわるようになるでしょう。仲間なのだから、相手の期待を裏切らないようになるでしょう。仲間なのだから、自分の利益だけを考えずに、相手の利益のことも考えられるようになるでしょう。仲間なのだから、頼まれずとも、相手にとって役に立つアドバイスをするでしょう。

外国で仕事をしていた時の上司は、部下には、「Mate（相棒、仲間）」と呼びかけていました。その人は、部下たちに助けられ、ものすごく出世していきました。

心得15

クライアントの側に立たない。
庶民の側にも立たない。
いつも、その間で自由でいる。

あなたは、会社が〝仕事として要求すること〟と〝一般の生活者（庶民）としての感覚〟とのズレ、隔たりに悩んだことはありませんか？　〝お客さんからの要求〟と〝会社員としての自分の立場〟の狭間に立ち、悩んだ経験はどうでしょうか？

他にも、あなたが製品開発に携わっている場合、自分はこの商品はこう作るべきだと考えているのに、会社が要求してくる内容は違っているとか。または、あなたが製造業の営業職の場合、自分はこういう製品があれば売れると考えているのに、会社の開発部が作ってくる製品がズレていて、それを売れと言われている。など、いろんなケースがあるでしょう。

私の場合、広告表現を企画制作する仕事なので、〝広告主である企業からの要請〟と〝この時代の、この社会の生活者としての自分の感覚やセンス〟のどちらを優先するのかを問われます。企画から制作まで、ほぼすべての過程において。

仕事としては、当然、前者を優先することを求められます。一方で、後者が強くないと面白い表現が作れないのも事実です。

そして、広告主企業は自分の要請を強く主張しつつも、後者を求めているから、外部に仕事を依頼するわけです。ずっと中にいる人は外が見えなくなります。外に通じる言葉を忘れてしまいます。自分を客観視することは、とても難しいことなのです。

だからといって、後者がいつも優勢かというとそうでもなく、強烈に前者にされることもあります。

どんな制作者も、少なくとも一度は、どちらに寄るのがベストな状態なのかと悩みます。いつも要求を飲むことになると、仕事は進み、摩擦がないので楽です。〝望みを聞いてくれる人〟として、相手からは満足もされます。しかし、制作物が世の中に出た時に、評価がイマイチという代償が待っていたりします。また、制作者としての自分の感覚に反したことをしたのですから、胸も痛みます。

一方で、いつも制作者としての論理ばかりを通すと〝自我の強い人〟ということで、クライアントからは〝やりづらい人〟と呼ばれます。また、その制作物が必ず評価が高いとも限りません。すると、次の仕事の依頼がこなくなる可能性があります。どうすればよいのでしょうか？

第三の選択肢があります。**「両方の間を自由に行き来する」という立場**です。

〝お調子者になろう〟ということではありません。〝両方の視点を併せ持とう〟ということでもありません。

〝会社の要求〟と〝個人の感覚〟は正反対の時もあります。〝お客さんの要求〟と〝自分の立場〟は相反することが多いので、両方を併せ持とうとすると人格破綻しています。

どっちにも寄らない位置に立ち、偏見を持たずに見て、聴いて、判断することを心がけるのです。

なんだか難しいことのように感じますか？　そうでもありません。実際は、多くの場合、最初からどちらかの立場に立っているから、もう片方が遠く感じられるのです。〝そんなにこだわることではなかった〟と後で振り返ってみるとわかった、ということがあなたにもあったはずです。仕事でも、私生活でも。

「どちらにも立たない。両方に自由に行くのだ」という意識で、起きている物事を見ていると、これまでとは判断が違ってきます。本当にこだわるべきポイントが見えてきます。

だから、その時のあなたの発言には説得力が増します。凝り固まっていた思考から抜け出せ、これまでには出せなかった選択肢も出せるようになるでしょう。

そして、相手の要求側に立つ時も、自分で選んでいることなので、葛藤や後悔は減り、精神的にも安定した状態でいられるようになります。
選ばせられるのではなく、いつも自分で選ぶようにするのです。

心得 16

オリエン直後が一番アイデアが出やすい。

オリエン（仕事の発注説明会）を受けた後に、すぐにアイデア出しをするのが理想です。

オリエンに対して、生活者としての自分が素直に、新鮮な反応をしているからです。

オリエンの中の、〝あのことは人々には効かないぞ〟〝このことは新しく見えるだろう〟などの率直な気持ちが残っている時が、〝世の中に出た時に共感性の強いアイデア〟が出やすいのです。そして、その時には、オリエン中には質問できなかった疑問などもいろいろと出ているはずです。

ここで言っているアイデア出しとは、完全な案になっていなくても大丈夫です。言葉だったり、ビジュアルイメージだったり、考えたことの欠片《かけら》のようなもの、過去の似たような例などでも充分です。

この時のアイデアに正解も不正解もありませんので。とにかくここでは、発展する可能性を持った種を出すのです。

そして、**自分のアイデア出しが終わった後に、オリエンに同席した人と集まって打ち合わせをするのも効果があります。**

自分以外の人がオリエンに対してどう反応しているのかを知り、自分にはなかった視点を得られることもできます。そこで、また新たなアイデア出しができるのです。

オリエンの後、すぐに皆で集まって打ち合わせをするのはオススメしません。上記の理由から、まず、自分のアイデア出しを終えてからがよいと思います。

時間をおいて翌日にオリエン資料を読み返すと、すでにいったん頭に入れたことなので、脳にとっては鮮度がありません。もう刺激としては弱いのです。

知ってしまってからは、知らなかった時の自分の反応を再現させるのは困難です。カップに入っている飲み物が〝醤油を薄めたもの〟だと知らずに飲むのと、知った後に再び飲むのとでは、身体の反応が違ってくるのと同じです。

鮮度の高い自分を刈り取るためには、オリエンの後に自分のアイデア出しができるスケジュールを事前に組んでおくことです。どうしても直後が無理ならば、なるべく時間を空けずに早く行うようにしましょう。

また、オリエンを受ける時は体調も精神も整えてのぞみましょう。熱がある身体、二日酔いの頭、別件のイライラを抱えたままの状態では、敏感な反応は出せません。よいものを出すためには、何を入れるか。そして、どういう状態で入れるかの準備も大事なのです。

心得 17

完璧な準備は、この世に存在しない。

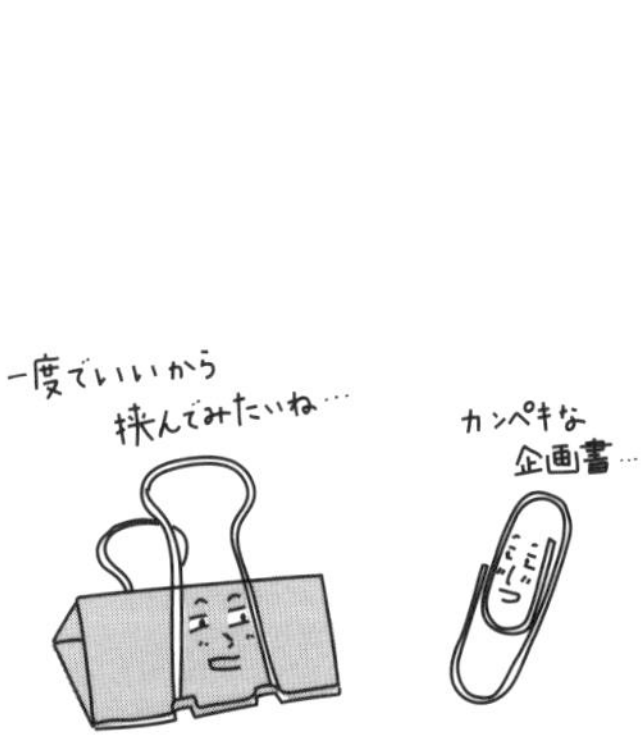
一度でいいから
挟んでみたいね…
カンペキな
企画書…

あなたは、仕事において〝完璧な準備〟というものをしたことがありますか？

私は、仕事でも、プライベートでも、一度もできたことがありません。後で振り返って見ると、必ず、抜けていること、漏《も》れていることなどがあるのです。


例えば、旅行。

〝完璧な準備〟をするために準備をしようと、事前に必要なものをリストに書き出し、それに沿って行っても、やはり、後で足りていないものに気づくことがあり、完璧にいったことはありません。

仕事はもっと複雑なので、さらにハードルは上がります。


国内外の企業で働いてきて、いろいろな人の仕事を見てきて、私が学んだことです。身もフタもない言い方ですが、**〝完璧な準備は、追求しない方がよい〟**ようです。

例えば、企画書。完璧である必要はありません。相手に〝提案の趣旨〟が伝わればよいのです。

しかし、プレゼンや提案の場で、相手を感心させたり、感動させたり、立ち上がって拍手をさせたりするような、相手の心を突き動かすレベルにまで高めるためには、思考の流れをよどみなく導く企画書である必要があります（プレゼン能力も偏差値70以上は必要です）。

文字をキーボードで打つ社会になって、最も起こりやすくなっているのが、変換ミスでの誤字脱字です。これは、あなたが予想しているよりも、企画書の中では〝相手の思考の流れを止めるチカラが大きい〟という現実を知っておいた方がよいでしょう。

他の部分がよくできていればいるほど、平凡な間違いは気になるものです。白いシャツのシミが、とても目立つのと同じ原理です。

そして、「こんな明白な汚れにも気づかない、雑な仕事をする人なのか？」と〝相手を不安にさせるチカラ〟もあります。

誤字脱字を防ぐには、完成したら、国語力のある人に読み返してもらいましょう。あなたはすでに内容を知っているので、どうしても斜め読みになりがちです。

もし、あなたしかいない場合は、一字一句を疑いながら読み直しましょう。〝漢字〟と表記すべきところが〝幹事〟や〝感じ〟になっていませんか？　助詞「てにをは」は、さっきまでいたのに、いつの間にか、あなたに断りもなく抜けています。

さて、目立つシミを作らないための方法はこのくらいで。

仕事で、「完璧な準備ができた！」と言ってみたいものです。しかし、それを追求すると、あなたも関係者も不幸になります。それよりも、まずは、準備していることの趣旨が明確になっているかどうかを突き詰めましょう。

さらに、〝完璧な準備は、この世に存在しない〟との認識を持っていれば、後に必ず見つかる自分のミス、仲間のミスを許せます。寛大な心で受け入れられ、前向きな気持ちで対応できます。

書いておいて……と言われそうですが、偏差値80を目指すことは、この本の目指すことではありません。

シミを見つける時間があるならば、関係者が総出で、最後まで〝準備していることの趣旨〟を魅力的にすることに全力を注いだ方が、よい結果につながると思います。その趣旨というものが、最終的には制作物（完成物）に姿を変えて世の中に出ていくのですから。

いつも完璧を目指しながら、完璧は追求しない。

禅問答のようですが、大事なことなのです。

心得18

営業の求める「押さえの案」は、
93%の確率で選ばれる
「危険な案」となる。

あなたは、「自分としてはよくない」と思っているのに、上司や他の部署の人に頼まれて、望まない企画の立案をしたことはありませんか？

そして、提案したら、それが採用され、後で苦しんだという経験はありませんか？

広告の表現を企画する仕事では、〝一緒に提案する他の案に比べると面白くないけれど、スポンサー企業が選びそうな案〟を〝押さえの案〟と呼びます。

スポンサーの現場の人と一番情報交換をしている立場の営業職の人が、相手の思考と嗜《し》好《こう》を読んで、選ばれるために、その提出を求めるのです。

競合プレゼン（コンペ）ならば、さらにその要求度は高まります。そもそも案が選ばれないと、仕事はこないわけですから。仕事がこないと、極端に言えば、会社は潰れます。

そこまで言われると、押さえの案を出す以外の選択肢がないよ……となりますよね？

結論から言えば、「出すべき」です。それが、競合プレゼンならば。

しかし、**言われたままの内容の企画ではダメです。ちょっとでも自分の納得がいく内容にアレンジするのです。あなたにとって、世の中にとって、1つでもよいので新しいことを入れ込むのです。**

そうすれば、その案が選ばれても、あなたにとって、新しいことができます。

〝押さえの案〟を〝望まない案〟から、〝望む部分もある案〟へ自分の手で変貌させるのです。営業職の人や上司を安心させるためだけの案と思うと、モチベーションも下がりますが、自分も実験することができる案だと思えば、精神にもよいのです。

また、**競合コンペでなければ、押さえの案を作らずに、自分の推す案だけを提案することをオススメします。**

あなたには、その職種を担当している責任もあるからです。その職種としての自分の判断を高める訓練にもなります。選ばれれば成功体験になりますし、選ばれなくても、やり直しができます。その時は、どこを変えればよいのかの学びの機会にもなります。Wチャンスがあるのです。

もし、あなたが仕事で実績を重ねることができてくれば、他の部署の人も、上司も、強くは言ってこなくなります。それどころか、大部分をあなたに任せてくれるようになります。それが、職場での信頼なのです。

何も言われなくなったら、あなたは職場でエース級になれたか、期待されなくなったかのどちらかです。どちらなのかは、絶対にわかります。

改めて言います。〝押さえの案〟は、危険です。なぜなら、**いつも押さえの案を、文句を言いながらもそのまま作っていると、その職種としてのあなたの能力が高まらないから**です。

それだけではありません。選ばれて仕事が進んでしまうから、いつの間にか、あなたの中の〝負けん気〟が牙《きば》を抜かれてしまいます。そういう人をたくさん見てきました。そして、牙は永久歯なので、抜けてしまうと、もう生えてこないのです。

心得 19

一音にこだわる。

何かを制作しようとする時、内容を充実させようとすると、足し算の発想になりがちです。その仕事の技術を身につけてしまうと、上手になった分、どうしても詰め込みすぎになりがちです。

なので、**おおよそ完成したら、一度、引き算の発想でそれを眺めてみましょう。どこか消せるものがないかを考えてみましょう。**

大事だと思っていたものを1つでも外してみると、意外に周りに余裕ができて、全体の印象が格上げされることがあります。〝間《ま》〟には、チカラがあります。

人間も、世間も、相手との〝適当な間〟が大事です。

CM制作の仕事で言えば、（15秒や30秒という短い時間で完成させるという条件も大きいのですが）例えば、台詞。

登場人物が「でもね」、「しかし」、「そして」などの接続詞を言っている映像を外して、その分を無言の間に変えます。たったそれだけで、その後の台詞が重みを増し、CM全体の印象が強くなることがあります。

効果音として、ピアノの音を♪ポンと一音足すだけで、主人公の感情が増幅されたり、反対に一音を減らすだけで、間ができて、そのシーンが長く見えたりするようにもなります。

以前、テニスのダブルスで、後衛の人がサーブしたボールが前衛の人の後頭部に直撃するという証券会社のCMを作りました。

編集作業で、実際のテニスボールが当たる効果音を映像に入れても、なぜか、しっくりきません。試しに、テニスボール以外のいろいろな種類のボールが、いろいろな物体にぶつかる音を入れてもみました。でも、私の頭の中でイメージしている音には勝てなかったのです。

最後の最後で、見つけたのが〝餅つきの音〟。杵《きね》が臼《うす》の中にある餅を〝ペタン！〟と叩く音を入れてみたら、後頭部の痛さと映像の面白さが倍増しました。

その結果、そのＣＭの好感度は高まり、国内外で広告賞をたくさん獲《と》りました。

「神は、細部に宿る」。

モノを作る上で、何度も噛み締め、諦めそうになる自分を奮い立たせる言葉です。

そして、〝減らすことで増える〟という意味の、

「less is more（レス イズ モア）」。

この言葉も、モノを完成させる上で、とても示唆に富んだ言葉です。

心得20

プレゼン前日の打ち合わせは、
確認の場ではない。
火事場の○○力を出すためにある。

企画やアイデアは、いったん、出してしまうと気が抜けます。安心してしまいます。ウ〇コに似ています。欧米の広告業界でも、そう喩《たと》えられることがあります。

「煮詰まっていたものが、ポンと出ると気持ちよい」「立派なものが出ると、他の人にも見せたくなる」、「いろんな情報が自分の中を通って消化されて、自分らしいカタチになって出てくる」などが共通しているからだと思われます。

プレゼンや大事な会議の前日には、打ち合わせが組まれることがほとんどですよね？ この打ち合わせは、「最終確認の場」と呼ばれていませんか？ ここで、もう一度、提案の全体を、細部を、〝これまでとは違う目〟で見直してみましょう。

内容を確認する目で追うのではなく、できる限り、提案を受ける側の目で見てみるのです。

大手の広告会社では、大事な競合プレゼンの場合にはリハーサルをします。

これは、国内外の広告会社とともに行っています。現場に関与していない、そのプロジェクトの情報や背景をあまり知らない〝偉い役職の人〟に、スポンサー企業の立場になってもらって、プレゼン全体を通して見て、意見をもらうのです。

自分たちを客観視することは難しいので、これは、とても有効なことがあります。しかし、その〝偉い人〟がどのくらい頭がキレるのか、時代感覚を持っているのか、によっても効果は異なります

だから、**誰にリハーサルを見てもらうのかは、とてもとても、ものすごく大事なポイント**なのです。偉くなっている人が、仕事ができる人ばかりでないのは、古今東西、変わりませんね。あなたの会社では、どうでしょうか?

間違った人選をしてしまうと、とんちんかんなことを指摘されます。それによって、間

違った修正を迫られることになります。その修正作業の徒労感は大変なものです。翌日のパフォーマンスにも影響が出ます。しかし、相手は上役ですから、指摘を無視して、顔に泥を塗るわけにはいきません。

もし、リハーサルの後で「あの指摘は無視していい」と決断するプロジェクトリーダーがいたら、それは胆力のある真のリーダーか、近々、会社を辞める気の人です……。

信頼できる上役がいたら、毎回、その人に見てもらいましょう。もし、いない場合、儀式を優先するよりも、情報も背景も知っている仲間内で見直した方が効果はあります。

そして、あなたが何か気になることを見つけたら、必ず言いましょう。それが修正するのに多大な労力を伴うことならば、誰かが、「このタイミングで言うなよ！」と不満の声をあげるでしょう。場の雰囲気が悪くなります。その時は、

「じゃあ、修正しなくてもいいの？」

と訊いてみてください。そこにいる全員に、考え直す〝間〟が生まれます。

提案前日の打ち合わせは、まだ出せていないもの、足りていない部分を確認するための、始まりなのです。

心得21

平凡なプロデューサーは、
予算とスケジュールを語る。

優秀なプロデューサーは、
クリエイティブを語る。

素晴らしいプロデューサーは、
心に火をつける。

一緒に世の中を変えよう!
もっとエッジを立てよう!
予算次第かな…

あなたは、毎朝、仕事を始める時に、その目的を確認していますか？　もし、あなたがリーダー的な立場ならば、仕事の相手と打ち合わせをするたびに、それを確認するようにしましょう。

いろんな書物が、いろんな人が言っています。「同じ仕事をしても、それを〝何のためにしているのか〟という〝明確な目的〟を持っている人と持っていない人では、成果は大きく違ってくる」と。

イソップ童話を基にした有名な喩《たと》えです。
ある旅人が、レンガを積んでいる職人たちに、「何をしているのか？」と訊きました。最初の人は、「見たらわかるだろう。レンガを積んでいる」と答えました。次の人は、「大きな建物の壁を作っている」と答えました。３番目の人は、「歴史に残るような偉大な教会を作っている」と答えました。４番目の人は、「ここに、人々が集まり、癒される空間を作っている」と答えました。

〝明確な目的〟を持っている人は、辛い状況になってもモチベーションを高く維持できます。仕事への向き合い方が真剣になり、仕事のやり方も工夫するので、自然と成果はよくなっていきます。

仕事に慣れてくると、目的を達成するための目標（「もくひょう」ではなく、「めじるし」と読んでください）である数字だけを追いかけるようになり、目的そのものを忘れてしまうことがあります。数字が〝ノルマ〟や〝予算〟と呼ばれると、数字以上の意味や価値を持ちすぎてしまうことがあるからです。

あなたの〝本当の目的〟を達成するために、仕事をしましょう。

広告を制作する仕事には、プロデューサーという職種の人がいます。彼らは、自分が手を動かす職人でありません。予算とスケジュールを管理するのが主な仕事です。しかし、企画内容を制作していく過程で、人のチカラを使って、制作物の質を高めることのできる人が優れたプロデューサーです。

そして、困難に直面した時（面白い企画は必ず問題にぶつかります）、予算とスケジュールを可否基準にするのではなく、どうしたらそれが実現可能になるのかを徹底的に探り、スタッフを鼓舞《こぶ》し続けられる人が最も優れたプロデューサーです。

人と人がする仕事である限り、人を動かせる人が最も優れた仕事ができます。

暴力、圧力、賞罰人事、ボーナスなどでも、人は動かせるでしょう。しかし、その程度には限度があります。**相手の心に火をつけ、燃料を注ぎ続けられる人が、仕事を大きくできます。自分の能力を超えた仕事をできます。**

まず、あなたの仕事の〝本当の目的〟を明確にして、あなたの心に火をつけましょう。そして、毎朝、それを確認して、心の火を消さないようにしましょう。さらに、仕事相手の心にも火をつけましょう。あなたの火と相手の火が一緒に合わされば、あなたの仕事はどんどん大きくなっていくでしょう。

あなたは、あなたに最も影響力を与えられ、あなたを最も動かせるプロデューサーなのです。

心得 22

仮編集中の編集室に、クライアントを呼ばない。

流行なのでしょう。厨房をお客さんに見せるオープンキッチン型の飲食店が増えています。

客側からすると、壁の向こうで誰が作っているのか、どんな食材を使って、どういう手順で作っているのかがわからないよりも、安心感があります。オープンに見せることで、店側の自信も感じられます。よいことずくめに思われがちです。

そうでしょうか?

オープンキッチンの店で私が観察した限りでは、席が厨房の方を向いていない限りは、ほとんどのお客さんは厨房を一瞬しか見ていません。もし、あなたもオープンキッチンがよいと思っているならば、次は、よ～く厨房の中の人の動き、食材の動きを追いかけて見てください。

今週のことです。ある料理人が、スープ鍋をかき混ぜたオタマに唇を付けて味見をして、そのオタマで器《うつわ》にスープを注ぎました。それは私の席に運ばれてきました……。

別の店の料理人は、切っていた肉塊がまな板の上から流し台の中に落ちましたが、何ごともなかったかのように、まな板の上に戻して切りました。それは運よく、私ではない客の席へ運ばれました。

それなりの値段を取る店ですら、よく見ていると、こんなことを目撃することがあります。調理の様子をつぶさに見てしまうと、客として何の問題も感じないオープンキッチンの店は、ごく一握りだけではないでしょうか？

広告の仕事でCMを制作する時に、本番の編集「本編」の前に、撮影した映像素材からOKカットを抜き出して、ラフにつなぐ「仮編集（粗編集）」があります。

以前は、この仮編集した映像をテープにコピーして、広告主企業の所へ見せに行って、確認を取っていました。

それが、現在では、仮編集中のスタジオに広告主を呼んで、確認をするようになりました。時間的にも、制作予算的にも作業効率がよいからです。修正が入れば、その場で対応できますから、後日、制作スタッフが再び集まる必要がなく、スタジオ代も省けます。

しかし、**そのせいで〝仕上がりの質〟が下がっている**としたら、どうでしょう?

これまでの経験で、次の5つのことが挙げられます。

①　本来、仮編集は制作スタッフのための時間です。「ああでもない、こうでもない」と、監督、編集技師、プロデューサー、CMプランナーなどが意見を言い合い、検証し、よりよいものへと仕上げるための作業。編集は、始めてみないと終わりは見えない、そういう性質のものなのです。

② 広告主への配慮から、試写時間は17時〜18時頃に設定されることが多いのですが、上記の理由から約束の時間に試写を始められることは滅多にありません。広告主には晩ご飯を食べてもらい、時間を稼ぐことが通例です。その間に慌てて編集を詰めることになるので、すべての可能性を検証できないまま試写になります。

③ たまに4〜5時間も待たせてしまうことがあります。その場合、広告主は怒っています。または、疲れていて、冷静に見られる状態ではないので、よい判断ができません。

④ その場で修正したものを見られるため、クリエイティブが好きな広告主の場合、「全部を自分の目で見て確かめてみたい」という欲求が起きやすいのです。〝制作陣が検証して外したもの〟も「見せて欲しい」となり、次に「こうしてつないで欲しい」と際限がなくなります。誰が監督なのか、制作責任者なのか、収拾がつかなくなり

ます。

⑤　翌日にテープを持って行って試写する場合、一晩寝かせて改めて見直すことになるので、ＣＭプランナーは冷静になれて、新たな発見をすることもあります。

上記の理由から、私の仕事では仮編スタジオでの試写をしません。はじめて仕事をする相手からは驚かれますが、仮編集の〝本来の目的〟を話すと、納得していただけます。何よりも、広告主の企業から作業後に「無駄な時間が減った」「冷静に判断できた」と喜ばれています。

仕事の過程をお客さんにどれだけ見せるべきかどうか。それは業種によっても違うでしょう。

あなたの仕事も、**見せるタイミングではない時に見せたり、間違った見せ方をすると、**

その時に集中すべき大事なことに集中できず、その作業も本来の目的を見失ってしまいます。社内報告もそうです。

当たり前だと思っていた仕事の進め方を、先人たちがやっていたものと比べて見直すと、「効率」という名目のせいで失っている大事なものに気づくことがあります。

先人のそれと比べて見直すことで、作業過程の「本来の目的」を再確認でき、仕事への意識も高められます。

心得23

相手のチカラを引き出すと、
仕事は大きくなっていく。

どんな仕事にも、相手がいます。

それは取引先、お客様だけではありません。同僚、部下、上司、会社のコピー機を点検する人、社員食堂でご飯を作ってくれる人などなど。

偉い役職になっている人を見ていると、〝相手の仕事への敬意〟〝相手の役職への敬意〟を感じられることが多くあります。そして、彼らの多くは、意識的に〝相手のチカラ〟を引き出そうとしています。

以前、アジア各国を代表して、スイスのネスレ本社で世界のトップの方にプレゼンする機会がありました。

私の会社の英国オフィスから担当営業が同行しました。事前にその営業から、

「相手は偉い人なので、失礼がないようにスーツを着てくるように」

と念を押されました。世界中の広告業界では、クリエイティブ（企画制作）の職種の人

たちは、いつもラフな格好をしているからです。

プレゼンが始まると、ネスレのその偉い方が言いました。「クリエイティブの人たちはどこにいるんだい?」と。

アジアからはるばるスイスまでやって来て、着慣れないスーツ姿で緊張している我々をリラックスさせてくれようとしたのです。そのユーモアに応えようと、私とパートナーの米国人も、「ここです!」と元気に手を挙げました。すると、「おぉ、キミたちか! あまりにもスーツが似合っているから、証券会社の人かと思ったよ」と。

笑いが起き、緊張が支配していた場が一気にリラックスした雰囲気になり、とてもプレゼンしやすくなりました。

それだけではありません。その人は続けて、「ホテルにはチェックインしましたか? 問題はないですか? 何かあれば、すぐに言ってくださいね」。そして、「今日の晩ご飯は、どこで食べる予定ですか？　私たちが予約すれば、たいていのレストランは割引になるから、遠慮なく言ってください」と我々の滞在が快適なものになるようにとの最大限の気配りをしてくれました。

しかも、その時は、1時間30分ほど離れた空港まで運転手付きのメルセデスのSクラスが迎えに来てくれました。ホテルも、広くてよい部屋を取ってくれました。すべて、先方の手配でした。

それは、我々の最高のパフォーマンスを引き出すためです。

仕事では自分のパフォーマンスを高めることに集中することも大事ですが、仕事相手の最高のパフォーマンスを引き出すことは、もっと大事です。相手のパフォーマンスの結果が変われば、あなたの仕事の成果も変わります。

〝相手のチカラを引き出す〟という意識を持って仕事をしましょう。

そうすれば、相手の仕事への敬意が生まれ、相手の状況への配慮が生まれ、相手はその気持ちに応えてくれます。そして、そういう関係で進んでいく仕事は、大きな成果をもたらすでしょう。

心得 24

会社には、
負けてもよいプレゼンはない。
リーダーには、
勝たなくてもよいプレゼンがある。

会社という生き物は、すべての競合プレゼン（コンペ）を獲るつもりでいます。「負けてもいいや」という意識が少しでもあれば、絶対に勝てないですから。

しかし、どんな会社も、すべての競合プレゼンを獲れるようにはできていません。もし、すべての仕事を獲れたら、すぐに、そのままの人員では仕事がまわらなくなるでしょう。現場の人たちの労働時間が急増するのと同時に、各所で人員不足、進行の遅延が起きます。結果、仕事の質にも支障が出ます。

それは、その仕事を失うことにつながっていきます。

人材の流動性が高い外国の労働市場では、競合プレゼンで負けた結果、その会社を担当していたチームごと、競合他社に引き抜かれて移籍するということもありますが、現状の日本市場では考えにくいことです。

競合プレゼンで起こりがちなことは、相手の求めるものに〝完璧に応えよう〟とすることで、〝自分たちの個性を自分たちで殺してしまう〟ことです。

その結果、他社との違いが明確に出せなくなり、提案全体が魅力を失ってしまうのです。

あなたがリーダー的な立場ならば、**自分たちの個性、自分たちの強みを出しながら、相手の要求に応えるという意識が必要**です。

一方で、どんなに自分たちの強みを提案できても、それが相手の求めるものに合わない時があります。

大事なのは負け方なのです。存在感のある負け方ができれば、選んだ相手の記憶に残り、次の仕事につながります。

「あの人たちと仕事がしたかった」と思わせるような印象を残せる負け方が大事なのです。

そうすれば、次に選ばれる機会も訪れます。すぐにではないにしろ。

以前、まだ新参者であった私の会社が参加した広告主企業の競合プレゼンでのこと。

その半年前にはじめて参加した時に我々は敗れていたのですが、「提案内容が面白かった」と評価してくれていた担当者が、再び、声を掛けてくれました。

オリエン（仕事の発注説明会）では説明が難しい商品を15秒CMにしての提案を求められました。しかし、その商品を魅力的に見せるには15秒では時間が足りませんでした。最低限の理解をしてもらうための商品説明だけで終わってしまい、あまり注目されないCMになるのが目に見えていました……。


よって、我々は自分たちの強みを出そうと、エンターテイメント性の強い30秒CMを企画し、「30秒を主にオンエアすべきです」と提案しました。もちろん、お題の15秒CMの企画も一緒に見せました。

その結果、コンペに勝利でき、オンエアは30秒CMだけに変更されました。

こういうことはいつも起こるわけではありませんが、すべてに応えずとも、本質的な問題に応えられていればコンペには勝てます。

提案するものが相手の要求に応えられているかどうかを確認することも大事ですが、それに合わせすぎて、自分たちの個性、強みを失っていないかをチェックするようにも気をつけましょう。

心得25

目の前のことに集中する。
中断しない、させない環境をつくる。

多くの職業で、パソコンの前に座って仕事をする時間の比重が増えています。自宅で仕事をする時にも、パソコンに向かっていることが増えているのではないでしょうか？

ソフトを使って表を記入したり、文章を書いたり、プレゼン資料を制作していても、画面を切り替えれば、すぐにメールを読むことができます。検索サイトを見ることができます。フェイスブックやツイッターなどのソーシャルネットワークにアクセスすることもできます。パソコン機能の発達のおかげで、じつに便利な仕事環境になりました。

しかし、この便利さに落とし穴が潜んでいます。

例えば、あなたは文章を書いていたり、資料を作っている時に、新しいメールの着信表示があって、それを見るために、いったん作業を中断して画面を切り替えたことはありませんか？

仕事をしようとパソコンに向かい、作業を始めてからすぐに、「ちょっと見るだけ」とソーシャルネットワークを見始めたら、長い時間がすぎてしまったということはありませんか?

仕事はいったん中断してしまうと、再開した時に、中断する前の意識レベル（集中力）に戻すまでには、かなり多くの時間を要します。

だから、**仕事をする時は、中断しないようにした方が効率がよい**のです。

しかし、会社の席だと自分宛てに電話が掛かってきます。集中していても、自分の席で仕事をしていたら、上司に呼ばれることもあります。別部署の人から声を掛けられることも……。これらに、どう対処すればよいのか?

それは、これらを近づけない環境を作るしかありません。

女性用下着メーカーのトリンプの日本法人では、電話に出ない、喋らない時間帯を作って、社員に〝すべき仕事〟に集中させているそうです。

〝集中力を維持し、仕事を中断させない〟ための誰にでもできる方法をいくつか紹介します。

●パソコンの設定で、新着メールが表示される機能をやめましょう。
（〝新着メールの表示〟は、仕事を中断させる誘惑力が強いのです）

●書きものや提案資料を制作している時は、メールシステム自体を閉じておきましょう。

●パソコンでの作業中、検索ブラウザを立ち上げているから見たくなります。
作業前にブラウザ自体を閉じておきます。

●集中すべき作業中は、携帯やスマホの電源をOFFにしましょう。
（サイレントモードの場合でも、バイブ機能をONにしていると、音が鳴るので気が散ります。着信を知らせる光の明滅に目がいくこともあります）

●打ち合わせの時には、「打ち合わせの間は電話に出ない」ことを出席者全員のルールにします。よほどの緊急以外は、電話の取り次ぎもやめてもらいましょう。

●打ち合わせ中に「スマホや携帯端末などを持ち込む」のもやめましょう。
すぐに打ち合わせで出た疑問などを調べられるので、会議中に見始める人がいますが、その間は大事な会話に参加できていません。得られるものより、失っているものに気づくべきです。

●自分宛ての電話、上司からの呼び出しを避けるためには、一定時間、会議室にこもって、ひとりで仕事をするのも手です。

その時は、スマホや携帯電話はデスクに置いていきましょう。会議室が難しいなら、社員食堂や近所の喫茶店にこもるのもありです。

●一日のスケジュールの中で、電話をする、メールをする時間帯を決めて、中断されずに集中できる時間を増やしましょう。

外国で働いている時に、会社のメールシステムと同期できる携帯機器ブラックベリー(スマホの先駆け)が全盛になりました。

いつでもどこでも会社のメールを送受信できることが当時としては画期的だったので、

メールを受信したらすぐに返信しようとするあまりに、メール中毒になる人が増えました。
そして、間もなく、会議中の使用が禁止されました。その時にしょっちゅう言われていた言葉が「そいつをOFFにして、集中しよう!」でした。

〝目の前のことに集中する。中断しない、中断させない〟。

デジタル機器が便利で身近になったために、それは意外に大変なことになりつつあります。最近、腕時計と通信端末が一緒になったものも発売され、ますます肌身離れずの距離まで近づいてきています。

集中するためには、便利なものを使わない、遠ざけるという環境を意識して作り出しましょう。優れた成果は、集中力の賜物《たまもの》なのです。

心得26

仕事をはかどらせるには、
朝、すぐに仕事に取りかからない。

秘書がいるような偉い役職の人は、朝、出社してくると、まず、何をしているイメージを持っていますか？

席に着くなり、いきなり仕事に取りかかっていますか？　それとも、お茶やコーヒーを飲んでリラックスして、それから仕事に取りかかっていますか？

あなたは、朝、出社して自分の席に着くと、いきなりパソコンの電源を入れていませんか？　そして、何の迷いもなくメールのチェックをすることから仕事を始めていませんか？

もしそうならば、それは意識して改めた方がよいと思います。

〝仕事の入り方〟としては、好ましくないからです。

いきなりパソコンに向かうのは、ダラ～ッと仕事に入ってしまい、そのままテンションが上がらず、ダラ〜ッと一日が終わってしまうことになりかねません。以前の私もそうでした……。

しかし、国内外の職場で、上司、同僚、部下を見ていて、**〝仕事ができる人とそうでない人の差〟は、〝仕事の入り方〟にもある**ことに気づきました。

仕事のできる人たちに、いくつかの入り方を教えてもらいましたので、それらを紹介します。

出社したら、いきなり仕事を始めずに、温かいものを飲みながら、手帳を開いて、どういう仕事が予定されているのか、今日一日の全体像を把握しましょう。温かい飲み物は、優雅な気分にしてくれます。

そして、今日の仕事を時間通りに進行させるには、どのタイミングで何を終わらせるべきか。時間が延びそうな打ち合わせはないのか。そうなった場合、どういうスケジュール修正をしたらよいかなど、今日の段取りをざっと考えましょう。
また、自分にとって、どの仕事が最も重要かを決めて、エネルギーの配分を考えます。
次に、今日の仕事が成功しているイメージを浮かべて、仕事に取りかかります。ここまで、わずか4～5分。

さて、こうやって仕事に入る人は、ダラ～ッとしていると思いますか？　しているはずがありませんよね？　**たったの4～5分で、一日の質が変わってくるのです。**

これは、毎日の差としては小さくても、習慣になるので積み重なっていきます。そして、気づいたら、大きな差となってきます。また、これらの準備行動は、会社で行わなくても構いません。出社前の自宅でも、通勤電車の中で行っても構いません。

もし、その日の手帳に空白が多いなら、自分がすべき仕事を時間帯で分けて記入してみましょう。空白のままだと、やるべきことの優先順位を間違えてしまいます。そして、時間帯で分けることで、仕事にもメリハリがつくと思います。

仕事の入り方。それは、意外に大事にされていません。

しかし、それは、あなたの一日を支配し、一年を支配し、一生を支配するものになり得るのです。

心得 27

何にでも興味を持つ。
何でも知っておく。

はじめての仕事相手と上手にコミュニケーションをとるには、まず、共通点を見つけることです。そして、さらに関係を深めていくには、共通点を増やしていくことです。
間違っても、お互いの相違点を指摘し合うような会話をしてはいけません。まったく盛り上がりませんし、相手に嫌な印象を残してしまうだけです。

共通点を増やすためには、〝雑学で得られた意外な知識〟が役に立ちます。

例えば、冬に北海道の札幌出身の人とはじめて話す時、〝札幌にはロードヒーティングを埋設してある、雪を溶かしてくれる道路沿いの住宅の方が高価である〟ことを知っていると、そこから北海道の住宅事情やロードヒーティングがない地域の人々はどうして生活しているのかなど、会話をどんどん広げていくことができます。

この雑学は、札幌在住の人に教えてもらいました。その3週間後に、長年の札幌勤務経験のある人とはじめて仕事をすることになって、この話題で盛り上がることができました。

そして、その会話の中で、〝雪かきが大変なので、屋根にもヒーティングをつけて雪を溶かしている家もある〟、〝新潟などで見られる地下水をくみ上げて道路にまく消雪パイプは、北海道では水が凍ってしまうから、ほとんどない〟など、他にも新たな雑学が得られました。

今の時代、パソコンやスマホでほとんどのことは検索して、その概要を知ることができます。そのため〝これまでの暗記式の学校教育には意味がない〟という人が増えています。確かにそういう面もあるでしょう。

しかし、はじめての仕事相手との会話中にスマホを取り出して、共通点になりそうな話題を探すわけにはいきません。**これまでの人生経験と頭の中にストックされた雑学が、相手との共通点を作り出し、会話を弾ませるきっかけを作ってくれるのです。**

外国で仕事をしていた時に、クリエイティブ部署の私の上司は、若い営業職の人たちに

「ビジネス書やハウツー本を読むのではなく、小説やフィクション物を読むように」と勧めていました。「彼らがクリエイティブの仕事（表現）の良し悪しを理解するのに役に立つ。広告主企業への表現案の売り込みが上手になるからだ」という理由でした。

仕事ができる人は、何にでも興味を示し、知ろうとする傾向にあります。国内外問わずにそうでした。彼らは、雑多な知識が、いずれ役に立つ日がくることを経験上、知っているのだと思います。

興味を持つことを意識的に増やしていきましょう。そして、何でも調べて知っておきましょう。それこそ、スマホですぐに調べられる時代です。

〝興味を持つことを増やす〟のは難しいことではありません。

今日、あなたが手にした飲み物や食べ物の製造ラベルを見てみましょう。成分や製造した会社の住所など、知らない言葉や情報が1つくらいはあるはずです。そういうものを調べてみるところから始めてみましょう。

習慣になってくると、興味を持つ対象が広がっていきます。そして、あなたの潜在意識が、あなたに必要な知識を仕分けして入れてくれるようになってきます。その結果、「役に立った！」という頻度が増えてくるでしょう。

雑学で得た知識は、会話のきっかけになるだけでなく、あなたが仕事をする上でも、日常生活でも、意外なところで活きてきます。今日、仕入れたものが活きるのは、早ければ明日かもしれません。いや、今日かもしれません。

心得 28

誰がキーマンなのかを
事前に知っておく。

取引先の〝実質的な決定権者〟は誰なのか？
それを知っておくことは、〝仕事をスムーズに進める上でのいろは〟です。

上手くいっている仕事では、その相手が明確です。一方で、修正、やり直しが続き、迷走してしまう仕事では、〝誰がキーマンなのか〟が見えていないことが多く、相手の要求を正しく理解できていない状況に陥《おちい》っていることがほとんどです。

仕事相手が大組織の場合、日頃一番やり取りをする現場の担当者をキーマンにしてしまいがちです。頭では、本当のキーマンは2階層上の役員だと理解しているのに……。でも、自分の目の前の担当者の意見を無視した仕事の進め方は、なかなかできるものではありません。

なので、担当者をキーマン化してしまい、対応してしまうのです。〝とりあえず仕事が進んだ〟気になるので、そうなりがちです。

そして、大組織でやっかいなのは、その担当者が善《よ》かれと思って、「上役はこう言うだろうから……」と仮想上役になっての事前確認をし始めることです。

1案を決めるために2案目を出して欲しいとなっていきます。そして、2案が3案、3案が4案へと、こちらは首を傾げながらも、求める提案の幅が広げられていきます。

さらに、提案時にその仮想上役の判断が外れても、その人は責任を取ってくれないことがほとんどです（実際のところ、その仮想上役の判断はよく外れます……）。

最も確かな解決策は、キーマンと直接話せる環境を全力で作ることです。

あなたの力だけでは難しい場合、上司にもお願いして、会社ぐるみで取り組みましょう。

これが可能になれば、的《まと》を外してしまう作業が減りますし、真の要求が直に聴け、かなり仕事の効率がよくなります。

どうしてもそれができない場合、担当者に仮想上役になっての判断をやめてもらい、「担当者として、どう判断するのか?」だけで決めてもらい、提案の幅を無駄に広げるのを防ぎましょう。

必要ならば、キーマンの思いを勘案して当てにいく案は、こちらで決めて提案するのがよいと思います。こうすれば担当者への不信感も、無駄な作業も増えることがなくなります。

どうせ修正作業が発生するならば、仮想判断の下で3案を出して外れるよりも、現場担当者判断1案+推量1案で外れる方が、効率はよいことが明らかです。

また、役職が一番高い人が本当のキーマンではないこともあります。若くても声の大きい人はいます。意外な人がキーマンだったりしますので、これは事前に情報を集めて、見抜いておく必要があります。

現在、若い夫婦やヤングファミリーがクルマを買う時には、旦那さんではなく、奥さんがキーマンであることが多いという話は、あなたも聴いたことがあると思います。

実際、最近のクルマには奥さんが喜ぶ装備を付けたり、販売ディーラーには女性が入りやすい店舗のデザインなど、キーマンに合わせた工夫がされています。


以前、英国のランドローバーというSUV車を購入する時のキーマンは、日本では〝意外な人物〟でした。

家族連れが見学に来ると、営業の人は、ひと通り機能や走行性の優位性を説明し、最後に、最後部のトランクの扉を開けて見せていたのです。そこには、折りたたみ式の補助席があり、その席を組み立てながら、「このシートは、お子さんに大人気なんですよ」と説明すると、そのシートに試乗した子どものほとんどが「このクルマがいい！」と目を輝かせて反応したそうです。

そして、そのひと言で、購入が決まったそうです。高価なクルマなのですが、それまでの販売経験で〝本当のキーマン〟を知っていたからこそできる営業トークです。

〝本当のキーマン〟は、仕事の効率を上げてくれる、あなたの大事な味方とも言えます。

探し出して、その本心を訊き出しておきましょう。あなたが直接、本人に訊かなくても大丈夫です。ルートはいかにせよ、その本心を知っておくために万全の手を尽くすのが大事なのです。

心得 29

準備が終わると、
プレゼンは9割が終わる。

〝上手なプレゼンの仕方〟に関する書籍は、これまでに数多く出版されています。しかし、プレゼンの仕方は1つではありません。

上手な人は、それぞれ独自のスタイルを持っていますし、案件によって話し方を変えてもいます。話し方のテクニックも大事ですが、プレゼンに関して1つだけ自信を持って言えるのは、これです。

プレゼンは、準備で決まります。

当日に即興で上手に話せる人もいますが、それは仕事偏差値75以上の人です。その人だって、そのレベルになるまでは、しっかりと準備をしていたはずです。

では、準備とは何か？

3つあります。

当たり前のことですが、まず、**自信を持って臨める〝提案内容の準備〟**です。

内容がよければ、誰が喋っても下手にプレゼンすることの方が難しいものです。淡々と資料に沿ってしゃべれば、内容が最後まで引っ張っていってくれます。なので、内容は締め切りのギリギリまで見直して、改良する意識でいましょう。これは、資料の体裁に時間を割くよりも何倍も大事です。

次に、**提案する〝資料の準備〟**です。

提案内容に合った資料の見た目の美しさ、ちょっとしたデザインの入った体裁などは、見た瞬間に好印象を伴うことができます。それは、相手の内容理解を後押ししてくれます。どんな人も、最後は〝好き嫌い〟を基準に選ぶものです。理屈の上に〝感情を伴うプラスオン〟のデザインを目指しましょう。

パワーポイントのプレゼンで多く見られますが、デザインに凝る必要はありません。提案内容とトーンが合っているデザインで、メッセージをシンプルに見せることが大事です。

そして、最後に〝**話す準備**〟です。

プレゼン次第では伝わるものも伝わらなくなるから、リハーサルは3回しろと言っている書籍もあります。大きな競合コンペなどではそうでしょう。

しかし、提案までに時間のある大きな仕事は、日常ではそんなにはないと思います。話すための準備は、最後の最後で大丈夫です。

だいたい、次の3つのことを意識していれば、相手に伝わるプレゼンができます。

①専門用語や難しい言葉を多用せずに、わかりやすく話す

②どこを強調するのか（相手の記憶に残したいのか）

③全体の時間配分を意識して、ゆっくりと、大きな声で、堂々と話す

プレゼンは、プレゼンテクニックでは決まりません。準備が9割です。

改めて言いますが、提案内容が最も重要です。内容がダメなら、上手にプレゼンしても相手には刺さりません。〝提案内容〟、〝資料〟、〝話す〟、この〝3つの準備〟の優先順位とかけるエネルギーの比重を間違ってはいけません。

プレゼンする人の体調も大事です。徹夜で資料作りをすると、翌日のプレゼンでのパフォーマンスは想像以上に落ちます。チームでの作業ならば、プレゼンする人は先に帰らせて休ませるなど、そういうことも意識して、〝準備〟を大事にしましょう。

心得30

どこを向くかは、
自分で選べる。
いつでも選べる。

仕事で失敗した時には、〝後悔と反省〟に時間を取られすぎてはいけません。時間は、次の仕事へ向かってどんどん進んでいるからです。

失敗した時に、自分を〝ダメな人間だ〟と落ち込んでしまうのは、最もよくない態度です。

どんな人もすべてに勝利するということはないのです。誰もが、勝ったり負けたりを繰り返しながら、日々を歩んでいます。勝ち続ける時期もあれば、負け続ける時期もあります。

大事なのは、失敗した時に、〝自分に失望しない〟ことです。失望からは何も生まれません。下ばかり向いていると、さらに気分が落ちていきます。身体の状態は心とつながっています。

誰もが過去のことは変えられません。だから、過去に意識を残しすぎないことです。とはいえ、誰もが過去を使って、未来を変えることはできます。

勝ちに偶然はあるが、負けに偶然はない。

元々は江戸時代の剣術書の中の言葉だそうです。失敗したら、振り返って客観的にその原因を見つけることが大切です。失敗の分析が次の勝利へのステップの第一歩になるからです。

この時、大事なのが**〝次のためには、何をすればよいか〟〝これから何ができるか〟を考えること**です。

広告の仕事では、競合プレゼン（コンペ）で負けた時は、営業職の人が広告主企業からヒアリングをして、チーム内にその背景を報告する会がもたれます。

その時に、「負けた状況を述べる」だけの会と、リーダーや参加者から「じゃあ、次回はこうすれば勝てるね」という言葉が出る会とでは、終わった後の雰囲気がまったく違ってきます。

後者の方が、〝次へ進もう〟という気がチーム全体に湧《わ》いて、明るくなります。そのことを話している時間はわずかな差でも、今後に向けては大きな差になっていきます。

外国で仕事をしていた時には、競合プレゼンに負けると、皆、意外にさばさばしていました。

業績次第ですぐに解雇になるので、過去を引きずっているわけにはいかないというシビアな事情もあるでしょう。マネージメント層も含めて、ほとんどの人たちの意識は、すぐに次の仕事に向かっていました。私の上司は、「次、行こう!」といつも明るく言っていました。

負けに慣れてしまっている人は、後悔と反省までで終わり、暗い雰囲気に長く留まっているように思えます。そうではなく、〝これから何をしたらよいか〟を考えて、行動をしていくと、次の結果が変わってきます。

そのためには、失敗した時には、自分に失望したり、自分を否定したりして、やる気を失わないことが大切です。**1秒でも早く、元気な時の、明るい自分を取り戻すことが大切です。**

そのためには、元気になれる音楽、映画、本、写真、食事、運動、なんでもいいので、それに触れたら反射的に自分が反応して明るくなれるものを、仕事の道具として持っておきましょう。

最後に、米国の広告会社の社是になっている読み人知らずの言葉を紹介します。

星に手を伸ばそう。すぐには星に手が届かないかもしれない。

しかし、星に手を伸ばしているかぎり、泥をつかませられることはない。

困難に出会った時、あなたを次の仕事へと奮い立たせることができるのは、他の誰でもない、あなた自身です。

自分の中にある勇気を振り絞って、自分を奮い立たせましょう。精神論だけでは困難は解決しませんが、仕事で成果を出すには精神の在り方がすごく重要なのも事実です。今日、あなたはどこを向くか。それを誰も強制しません。それは自分で選べます。

今日も、前を向いて、上を向いて、明るい気持ちで仕事に向かいましょう。希望を感じられる明るい人に、周りの人はついていきます。

それでは、今日も、よい一日を！

おわりに

この本を最後まで読んでいただき、ありがとうございます。

どんな仕事でも、優れた成果を出すためには、心・技・体が整っている必要があります。特に、この本のテーマのひとつでもある「心」の在り方は、とても大事だと思います。

原稿を書き進めるうちに、つい忘れてしまいがちな「仕事への心得」を私自身も見つめ直すことができました。そして、仕事でも、日常生活でも、改めて「基本の大切さ」に気づかされました。

世界展開をしている広告会社オグルヴィ＆メイザーの会長であるマイルス・ヤングが、アジア地区の社長時代に、私の誕生日に机の上に置いてくれたカードには、こう書いてありました。

「仕事での評判が、あなたの本当の評判だ」

成功ではなく、〝評判〟。この言葉の含意を今も考えさせられます。成果だけではなく、同時に人間性も追求しなさいと……（仕事偏差値90のレベルです）。

人生は、仕事がすべてではありません。しかし、全力を注ぐだけの価値とリターンは充分にあると思います。そのことを、これまでの国内外の上司、先輩、仕事仲間たちが、その姿勢と背中で教えてくれました。

この本では、彼らが〝生きた参考文献、参考資料〟になりました。心から感謝を申し上げます。

ITの普及で、かつてないスピードで仕事を取り巻く環境が変わり、多くの人が戸惑い、悩んでいます。しかし、人間の本質的な部分は、昔から変わりません。そして、どれだけ科学が進歩しても、仕事の主体は人間です。

あなた自身のために、あなたが働く会社のために、あなたが暮らす社会のために、学生や子どもたちの未来のために、〝心あるよい仕事〟をしてください。

紹介した「30の心得」を取り入れることで、仕事の成果が上がり、その結果として、あなたの人生が豊かになっていくことを心から願っています。

そして、この本があなたの役に立ったのならば、ご友人に、仕事仲間に、後輩に、ぜひ、勧めてください。

同じ心得の人が周りにいると、刺激し合え、状況の理解も早くなり、仕事もしやすくなるでしょう。

最後に、この本を書くきっかけになったユニ通信の静野氏、大幅に遅れた原稿を気長に待ち、サポートをしてくれた廣済堂出版の伊藤氏、戸田氏に、この場を借りて御礼を申し上げます。

株式会社17（ジュウナナ）

クリエイティブディレクター

松尾 卓哉

仕事偏差値を68に上げよう

どんな成功本を読んでも成果を上げられなかった人のための30の心得

2016年4月12日　第1版第1刷

著　者 —— 松尾卓哉
発行者 —— 後藤高志
発行所 —— 株式会社廣済堂出版
〒104-0061 東京都中央区銀座3-7-6
電話03-6703-0964（編集）　03-6703-0962（販売）
Fax 03-6703-0963（販売）
振替00180-0-164137
http://www.kosaido-pub.co.jp

印刷・製本 —— 株式会社廣済堂

ブックデザイン —— 栗塚達也（株式会社17）
本文DTP —— 清原一隆（KIYO DESIGN）

ISBN978-4-331-52015-4　C0095